AF359449

TOM JONES,

COMÉDIE LYRIQUE,

EN TROIS ACTES,

Imitée du Roman Anglois de M. FIELDING;

PAR MONSIEUR POINSINET.

La Musique par M. A. D. PHILIDOR.

Vingt fois sur le métier remettez votre Ouvrage.
Boil. Art. Poët.

Représentée pour la premiere fois par les Comédiens Ordinaires du Roi, le Jeudi 24 Juillet 1766.

NOUVELLE EDITION.

A AVIGNON,

Chez *LOUIS CHAMBEAU*, Imprimeur-Libraire, près le Collège.

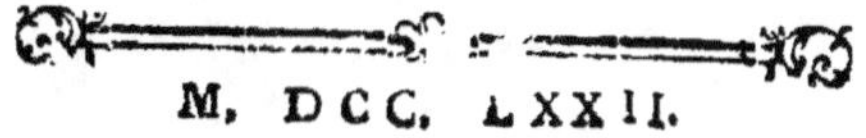

M. DCC. LXXII.

ACTEURS

TOM JONES.

Monsieur WESTERN.

Madame WESTERN.

Miss. SOPHIE WESTERN.

HONORA.

ALWORTHY,

BLIFIL.

DOWLING, Quaker.

UNE SERVANTE, de l'Hôtellerie d'Upton.

PIQUEURS.

VALETS.

BUVEURS.

La Scene est au premier & au second Acte, dans le Château de
de M. Western ; & au troisieme dans une Hôtellerie à Upton.

TOM JONES,
COMÉDIE LYRIQUE.

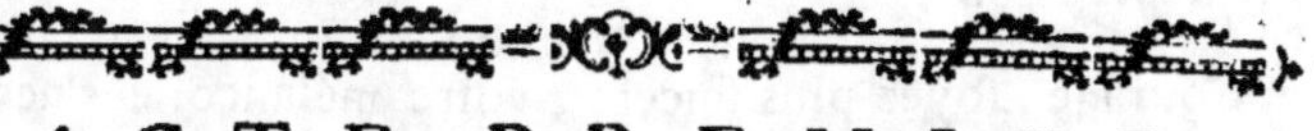

ACTE PREMIER.

Le Théâtre repréfente un Salon de Compagnie dans le Château de M. Weftern, où il y a des meubles. Sophie eft du côté droit, près d'un Métier de Tapifferie où elle travaille (1) ; Honora de l'autre côté travaille à faire de la Dentelle.

SCENE PREMIERE.

HONORA, SOPHIE.

DUO.

SOPHIE, *travaillant.*

QUE les devoirs que tu m'impofes,
Trifte raifon, ont de rigueur (2) !
Tu gémis, Sophie (3), & tu n'ofes
T'interroger (4) fur ta douleur (5).
Quand fous tes doigts naiffent les Rofes,
Les épines font dans ton cœur.

HONORA, *faifant de la Dentelle & agitant fes fufeaux.*

Soir & matin,
La jeune lfette,
Trifte & feulette,
Céde au chagrin.

[1] *Il faut obferver de ne point mettre de lumiere fur le Métier parce que la Sçene fe paffe le matin.*
[2] *Elle enfile une aiguille.*
[3] *Elle pique l'aiguille en deffus.*
[4] *Elle la pique en deffous.*
[5] *Elle la tire en deffus, & regarde fon ouvrage.*

TOM JONES;

Qu'un jeune drille
Lui parle l'amoureux jargon ;
Son cœur fautille,
Elle babille ,
C'est un démon.
Voilà fur l'efprit d'une fille
Le pouvoir d'un joli garçon.

SOPHIE , *s'arrêtant & la regardant.*

En vérité , ma bonne , vous m'obligeriez de contraindre votre gayeté ; elle est aujourd'hui bien vive.

HONORA

Pas plus qu'à l'ordinaire ; mais c'est vous , Mademoifelle, qui êtes aujourd'hui bien trifte.

SOPHIE

Tu te l'imagines , parce que je n'ai nul plaifir à raifonner avec ma tante des intérêts de l'Europe , ni à babiller inutilement avec toi.

HONORA

Courage , foyez plus fincere , votre mélancolie s'accroît de jour en jour; tout le monde s'en apperçoit ici , & nous en caufions encore ce matin avec Monfieur Jones.

SOPHIE , *travaillant*

Avec monfieur Jones , & qui vous a priée de vous entretenir de moi !--

HONORA , *travaillant.*

Eh bien ! n'alliez-vous pas gronder ? comme fi j'avois commis un grand crime d'écouter votre éloge.-- fait par le plus joli jeune homme , le meilleur ami de votre pere, que le fage Alworthi éleve & chérit comme un fils.

SOPHIE

Je vois que le plus court est de te laiffer dire---

HONORA , *fe leve.*

Mais convenez-en vous même ; vive ce Cavalier pour les attentions , les foins , la générofité , le courage : auriez-vous l'ingratitude d'oublier qu'il n'a pas craint de fe caffer les bras pour vous préferver d'une chûte légere ? Ah ! lorfqu'il s'agit de rendre fervice , rien ne l'arrête , & voilà comme j'aime les hommes.

SOPHIE

Il me paraît que tu ne hais pas trop celui-là.

HONORA

De bonne-foi , peut-on le hair ! il eft fi poli , fi bien fait !

SOPHIE , *en fouriant.*

Sçais-tu bien , ma bonne, que je finirai par t'en croire amoureufe ?

HONORA

Ah ! vous voulez vous amufer à mes dépens : croyez , ma chere Maîtreffe , que je me rends juftice. Je fçais que le pauvre M. Jones ne connaît ni fes parens , ni fa famille , mais je fçais auffi que l'incertitude de fon fort vaut mieux que la réalité du mien ; chéri de votre pere, élevé par Alworthy, tout cela suppose quelque secret motif, & j'en suis si persuadée, qu'on me voit toujours la premiere à prendre son parti contre tous ceux qui en babillent.

SOPHIE

Cela est très-bien de ta part, je t'en loue.

HONORA

J'ai déjà fait une remarque.

SOPHIE

Quelle est-elle !

HONORA

Ce grave Dowling, ce Quaker qui est comme l'Intendant de M. Alworthi ; lui qui tutoie tout le monde, ne salue personne, dont l'abord est si brusque, le ton si dur, l'esprit si fier, voyez quand il parle de Monsieur Jones, il y met des égards, du respect.

SOPHIE

Mais--- je m'en suis apperçue.

HONORA

Allez, Mademoiselle, le ciel est juste ; il permettra que tout se découvre, & en attendant si quelqu'un doit ici le protéger, c'est plutôt vous qu'une autre.

SOPHIE

Pourquoi ?

HONORA

Je crains.

SOPHIE, *se leve.*

Acheve. Tu dois sçavoir que je ne veux pas que l'on me cache rien.

HONORA

Eh bien, écoutez-moi. C'était hier après le dîner, il se promenait dans le Bosquet ; c'est assez son usage Je m'étais cachée, & je l'entendais qu'il disait, mais mille fois plus tendrement que je ne puis le répéter :

ARIETTE.

Oui toute la vie,
La belle Sophie
Charmera mon cœur ;
De toute ma vie
La seule Sophie
Ferait le bonheur.
Cœur sensible & tendre,
Qui peut chaque jour
La voir & l'entendre,
Sçait-il se défendre
Du pouvoir d'amour ?

Non, toute la vie. &c.
Mais dans le silence,

Loin de ses appas,
Cachons mon offense ;
Et sans espérance
Répétons tout bas ;

Oui, toutela vie, &c.

SOPHIE, *troublée.*

Honora-- finissez--si vous me promettiez de ne plus parler
de ceci-- je vous pardonnerais. Mais prenez garde-- Vous êtes
indiscrette, ma bonne-- Vous l'êtes trop-- Mon pere-- Moi-
même.

HONORA

Soyez tranquille-- Chut, j'entens quelqu'un : c'est Madame votre tante, la Gazette l'occupe si fortement qu'elle ne
nous apperçoit pas.

Sophie & Honora se remettent à leur ouvrage.

SCENE II.

HONORA, Madame WESTERN, SOPHIE.

Md. WESTERN, *tenant la Gazette qu'elle lit.*

AH ! je suis bien aise de vous trouver ici vous travaillez ?
Tant mieux J'aime qu'on s'occupe. Honora, sortez.
Elle met la Gazette dans un porte-feuille qu'elle tire de sa poche.

HONORA, *en serrant les deux ouvrages.*

Pourquoi donc ce mystere ?   [*Elle sort.*]

Md. WESTERN.

Vous me voyez, ma Niece, fort inquiéte : nos affaires
dans les couronnes du Nord prenant une tournure si contrai-
re à mes idées !--

SOPHIE

Il faut espérer.

Md. WESTERN

Non, contre toute raison le Dannemark prend les armes.
On se fiait sur une confédération. On avait projetté des arti-
cles, & point du tout ; en vérité, il est bien difficile d'arranger des gens qui ne veulent pas s'entendre.

SOPHIE

Mais, ma Tante, ne serait-il pas plus simple de les laisser
arranger eux-mêmes ?

Md. WESTERN

Cela vous est bien facile à dire : mais ces contradictions
perpétuelles m'occupent, me chagrinent, m'empéchent de
songer comme je le voudrais aux intérêts de cette maison,
dont votre pere, qui n'a pas le sens commun, me laisse tout
le tracas.

SOPHIE

Ma Tante-- Il est mon pere.

Md. WESTERN.

Oui , & c'eſt là tout ſon mérite ; car dans ſa conduite, c'eſt
bien le Gentilhomme le plus extraordinaire-- Tous les jours
courant le bois, ne vous entretenant, le ſoir, que de ſes
chevaux, de ſes valets-- Ah qu'il ferait bien mieux de ſuivre
ſes affaires, de veiller-- ſur vous-- oui, ſur vous-même, Miſſ.
Weſtern, dont je ſuis fort mécontente !

SOPHIE

Que me reprochez-vous ?

Md. WESTERN

Ah ! ça-- nous ſommes ſeules. Je vous ai élevée. Je vous
aime. Depuis deux mois que M. Alworthy, ſon protégé Jones, & Blifil ſon neveu, logent dans ce château, vous êtes
triſte, rêveuſe, vous fuyez la compagnie.

SOPHIE

Je vous jure--

Md. WESTERN.

Vous êtes amoureuſe, Sophie.

SOPHIE, *vivement.*

Ne le croyez pas.

Md. WESTERN

ARIETTE.

Ah ! j'aime aſſez cette fineſſe :
Vous prétendez m'impoſer,
A moi, ma Niece !
En vérité, c'eſt par trop s'abuſer.

Du miniſtre le plus ſévere,
Du plus habile ſecretaire
Dès que je veux ſonder les ſentimens ;
L'eſpoir couronne mon attente.
Jugez ſi je ſuis clairvoyante.
Sur les intrigues des amants.

Ah! j'aime aſſez, &c.

SOPHIE

Je ne ſçais que penſer.

Md. WESTERN

Vous rêvez, vous craignez de me répondre, vous avez
tort. Votre choix me plait, il eſt convenable. Si j'attendais
que mon frere s'aviſât le premier de ſonger à votre établiſ-
ſement, ce ſerait à ne pas finir ; il ne peut tarder, & j'en vais
conférer avec lui tout a l'heure.

SOPHIE

De grace. répondez-moi ; ſe pourrait-il que vous fuſſiez
aſſez bonne !

Md. WESTERN

Eh ! voilà comme l'on parle-- comptez ſur moi. [*On entend
un bruit de fanfares.*] J'entends du bruit, c'eſt votre pere ;
on ne peut le mecounaître au tapage qui l'environne.

SCENE III.

Quatre Piqueurs en botte & en habit trousses tenant en main leurs trompes & donnant des fanfares. JONES, & Monsieur WESTERN, en habit de chasse la trompe au col, SOPHIE, Madame WESTERN, HONORA.

Mr. WESTERN, après la fanfare.

COurage, enfans de la joie & de la gaieté: Ah! le beau tems, la belle chasse!

TOM JONES

Elle a été des plus heureuses.

Mr. WESTERN

Oui, mon ami: c'est graces à ton intelligence. Bon jour Sophie: comment te portes-tu, ma fille? fais ton compliment à mon camarade, il vient, ma foi, de s'acquérir la gloire du plus determiné Chasseur de notre Comté de Sommerset.

TOM JONES

C'est à vous qu'appartient cet avantage.

Mr. WESTERN

Nenni, vraiment, je suis sincére. C'est à toi que je dois aujourd'hui tout les plaisirs de ma chasse. Si tu l'avais vû, Sophie, quelle vivacité! quelle ardeur! mais vous autres femmes vous vous levez si tard!

Md. WESTERN

Ne faut-il pas comme vous, courir les bois avant qu'il soit jour?

SOPHIE

J'en ai bien du regret.

TOME JONES

Le plaisir que nous vous aurions vu prendre eût encore augmenté le nôtre.

Md. WESTERN

Oh! sans doute, il est bien flatteur pour des femmes d'une certaine façon de s'exposer tous les jours à quelque nouvel accident, de braver les vents, la pluie!

Mr. WESTERN

Eh! ma chere sœur, mêlez-vous de politiquer sans nous contrarier sur nos plaisirs. Ah! que n'avez-vous vu la chasse de ce matin! Peut-être de six mois n'aurons-nous pareille rencontre, un Cerf, dix-Cors, un tems! un frais! tayaut, tayaut, il semble que j'y sois: tenez, le récit seul de ma chasse vous fera regretter de ne nous avoir pas suivis. Ecoutez.

A R I E T T E.

D'un Cerf dix Cors, j'ai connoissance :
On l'attaque au fort, on le lance ;

Tous

Tous font prêts :
Piqueurs & Valets
Suivent le pas de l'ami Jones.
J'entends crier: Volcelets , Volcelets.
    Auffi-tôt j'ordonne
    Que la Meute donne.
    Tayaut , Tayaut , Tayaut.
Mes Chiens découplés l'environnent ;
    Les trompes fonnent :
«Courage , Amis : Tayaut , Tayaut ».
Quelques chiens que l'ardeur dérange ,
Quittent la voie prenent le change.
    Jones les raffure d'un cri :
    Ourvari , ourvari ,
    Accoute , accoute , accoute.
        Tout à Griffaut ;
    Y après : Tayaut , Tayaut.
    On reprend route :
    Voilà le Cerf à l'eau ,
    La trompe fonne ,
    La Meute donne ,
    L'écho raifonne ,
Nous preffons les nouveaux relais :
    Volcelets , Volcelets.
    L'animal forcé fuccombe ,
Fait un effort , fe reléve , enfin tombe :
Et nos Chaffeurs chantent tous à l'envi :
» Amis , goûtons les fruits de la victoire :
» Amis , Amis , célébrons notre gloire
    »Halali , Fanfare , Halali ,
        »Halali.
        Md. WESTERN
Quand vous aurez tout dit , mon frere , pourra-t-on vous
parler un moment de vos affaires ?
        Mr. WESTERN
Oh de tout mon cœur , & tant que vous voudrez ; mais ,
dites-moi d'abord : le dîner tardera-t-il beaucoup ? nous
n'avons eu que le tems de faire une petite halte , & graces à
vos foins la cantine étoit mal fournie.
        Md. WESTERN
Il n'eft pas encore midi·
        Mr. WESTERN
Que m'importe ? Ordonnez qu'on fe dépêche. [*Aux Pi-*
queurs.] Et vous , enfans , point de relâche. Le franc chaffeur doit être plus alerte encore que la bête qu'il pourfuit.
Demain , dès le point du jour--
        Md. WESTERN. , *à part.*
Oh ! demain ; vous aurez , après le dîner , tout le tems de
donner vos ordres. (*Haut.*) Honnora , fuivez ma niéce dans

B

ſon appartement. Je me flatte que Monſieur Jones me voudra bien permettre d'être un moment ſeule avec mon frere.

JONES

Madame.　　　　　　　　　[*Honora ſort avec Sophie.*]

Mr. WESTERN

C'eſt une tyrannie ; je ne ſçais ce qu'elle me veut : il faut contenter les femmes. [*A Jones.*]. Va-t-en donner un peu le coup d'œil du maître ; vois ſi notre jeune Meute eſt rentrée en bon état ; va mon camarade ; je ne tarderai pas à t'aller joindre.　　　　　　　[*Jones ſort avec les Piqueurs.*]

SCENE IV.

Mr. WESTERN, Madame WESTERN.

Mr. WESTERN

A préſent, que me voulez-vous dire ? j'aurais plus beſoin de repos que de raiſon : ne marchons pas par les boulées, dépéchons.

Md. WESTERN

Je veux vous dire, mon frere, que vous ne prévoyez rien ; que vous ne ſçavez rien.

Mr. WESTERN

Oh ! parbleu, ſi fait. Je prévois que les vins de France ſeront fort chers l'année prochaine ; je ſçais que la race de mes baſſets s'abbatardit.

Md. WESTERN

Et ce ſont là vos plus grandes affaires ?

Mr. WESTERN

Et je n'en veux point avoir d'autres, moi. Je paye mes ouvriers tous les mois ; je compte avec mes Fermiers tous les ans ; je bois avec mes amis tous les jours ; & quoi que vous en diſiez, j'appelle cela faire très-bien ſes affaires.

Md. WESTERN

Mais votre fille a bien-tôt dix huit ans.

Mr. WESTERN

C'eſt vrai, & cela me prouve ſouvent qu'il ne faut pas avoir votre âge pour raiſonner mieux que vous.

Md. WESTERN

Mon frere !

Mr. WESTERN

Allons, point d'humeur, finiſſons : que veut que deſire ma chere Sophie ?

Md. WESTERN

Ce que vous n'avez peut-être pas envie de lui accorder ſi-tôt, ce que l'on deſire à ſon âge-- un mari.

Mr. WESTERN.

Eh ! c'eſt mon unique envie. Combien de fois m'avez-vous

entendu dire vous-même que ma feule ambition était de la voir heureufe, en la mariant au plus riche Gentil-homme de la Province.

Md. WESTERN

Hâtez-vous donc de faire un choix ; fon cœur pourrait vous prévenir, & j'ai remarqué que depuis le départ du neveu de M. Alworthi pour fon château--

Mr. WESTERN

De Blifil ?

Md. WESTERN

Oui, de Blifil.

Mr. WESTERN

Quoi ! férieufement-- Vous imaginez que ma Sophie--

Md. WESTERN

Comptez fur mon difcernement.

Mr. WESTERN

Oh ! votre difcernement-- Au refte écoutez donc. Ma foi ! j'en fuis enchanté : je l'ai toujours aimé ; il eft pourtant mau-vais chaffeur, mais d'ailleurs honnête homme, neveu de mon ami, fon unique héritier. Ce garçon-là fera riche. Ma fille lui veut du bien-Allons, voilà qui eft fini. Holà quelqu'un. [*Richard entre.*] Richard qu'on voie un peu fi l'ami Alworthi eft dans le château ; qu'il vienne me parler, qu'il vienne tout à l'heure : c'eft pour affaire preffée ; entendez-vous ? Sil ne peut quitter j'irai-moi-même.   [*Richard fort.*]

Md. WESTERN

Il feroit plus convenable d'attendre.

Mr. WESTERN

Oh ! treve à vos avis, ne troublez point ma joie : je ferai mon bonheur, celui de ma fille , celui de mon ami, celui de fon neveu : nous ferons tous contens, tous heureux. Alwor-thy va venir, je veux lui parler feul.

Md. WESTERN

Il faut confidérer--

Mr. WESTERN

C'eft affez, c'eft affez ma fœur. [*Madame Weftern fort.*] Oui, c'eft au mieux, ce mariage-là fait juftement mon affai-re : la terre de mon ami touche à la mienne ; je puis marier Sophie, fans me feparer d'elle, fi je chaffe de leur côté, je defcends chez mon gendre, & j'embraffe ma fille.

ARIETTE.

Ah ! quel plaifir je me promets !
Je lui veux annoncer moi-même
Qu'en ce jour, à celui qu'elle aime,
Je la veux unir pour jamais.

Je ne vois, plus, je m'étudie,
Aucun obftacle à ce lien,
Tu feras heureufe, Sophie,
Et ton bonheur fera le mien.

SCENE V.

Mr. WESTERN, ALWORTY.

ALWORTHY

Richard m'a dit---

Mr. WESTERN

Approche, approche, mon cher voisin; tu sçais depuis combien de tems nous sommes amis.

ALWORTHY

Oui, & je m'en ressouviens toujours avec le plus grand plaisir.

Mr. WESTERN

Tu n'as pourtant jamais eu la complaisance de courre un cerf avec moi.

ALWORTHY

Chacun a ses goûts

Mr. WESTERN

De bonne foi, je ne sçais pas trop ce que tu aimes.

ALWORTHY

La tranquillité. Je n'en jouis jamais; aujourd'hui même, vous me voyez triste. J'entends murmurer de tous côtés contre Jones, Blifil même a lieu de s'en plaindre; j'en suis fâché; ce garçon ne m'est rien; mais je l'ai élevé, je l'aime.

Mr. WESTERN

Et vous avez raison. C'est un excellent Sujet, un brave chasseur. Allez, mon vieil ami, c'est un jeune homme dont vous n'aurez que de la satisfaction.

ALWORTHY

Je le souhaite.

Mr. WESTERN

Laissons cela. Apprends les nouvelles les plus heureuses: tu sçais combien j'aime ma fille, je la marie à moins que tu ne t'y opposes

ALWORTHY

Moi! & pourquoi voulez-vous que je m'oppose au bonheur de votre fille?

Mr. WESTERN

En ce cas, touche-là. Notre affaire est conclue; c'est à ton Neveu que je la donne. Ils s'aiment; sa tante me l'a dit, & je te dis, moi, qu'il faut écrire à ton château, faire revenir Blifil, & les marier dès demain.

ALWORTHY

Cela est bien-tôt dit: mais une affaire de cette nature--

Mr. WESTERN

Doit se terminer en deux jours. Je donne à ma fille la moitié de mon bien en la mariant, & le reste après ma mort; traite de même ton neveu, & finissons.

ALWORTHY

Etes-vous bien affuré de trouver dans leurs caracteres cette convenance mutuelle d'ou réfulte le bonheur du mariage? Sans parler de Blifil, votre Sophie mérite---

Mr. WESTERN

Ils s'aiment, je te l'ai déjà dit ; je fçais mieux que toi ce qu'elle mérite. Veux tu m'apprendre à aimer ma fille ?

ALWORTHY

Comment, Madame Weftern a-t-elle pu fçavoir ?--

Mr. WESTERN

Je te réponds de tout ; ma Sophie eft ma fille, elle m'aime, elle le doit. Ce mariage la rend heureufe, il fait tout mon defir, & je n'aurai pas befoin d'ordonner pour qu'elle m'obéiffe. Quand à ton neveu, s'il lui plaît de refufer quinze mille livres fterlings & ma Sophie, je vous baife à tous les deux les mains ; n'en parlons plus.

ALWORTHY

Moderez-vous.

Mr. WESTERN

Eh ! non tout eft dit. Voilà comme je fuis.

ALWORTHY

Je vais travailler à vous contenter

Mr. WESTERN

Eh ! j'apperçois l'ami Dowling : tu fais bien de conferver ce Quaker à ton fervice ; j'aime ces gens-la, ils font vrais.

***

SCENE VI.

Mr. WESTERN, ALWORTY, DOWLING, *toujours le chapeau fur la tête.*

DOWLING, *à AllWorthy*

ALworthy, j'avois pour toi des lettres, même fort importantes ; ton neveu Blifil s'en eft emparé, l'approuves-tu ?

ALWORTHY

Il me les remettra ; tu fçais qu'il a toute ma confiance.

DOWLING

Soit.

ALWORTHY

Ecris-lui de fe rendre ici le plutôt poffible.

Mr. WESTERN

Comment ! le plutôt quand il s'agit du bonheur de ma fille ! Que l'on faffe monter un de mes gens à cheval : qu'il coure, qu'il l'amene-- qu'il arrive--

ALWORTHY

Vous ferez fatisfait, Dowling ira lui-même ; je lui vais écrire. Suis-moi, j'ai d'autres affaires à te communiquer :

ferviteur ; mon ami , réfléchiffez encore , je vous en prie.
(*à Dowling.*) Suis-moi   (*Il fortent.*)

Mr. WESTERN

Tout eft réfléchi. Quelle lenteur ! Ah ! que je te plains ,
Sophie , s'il faut que fon neveu lui reffemble !

SCENE VII.

Mr. WESTERN, Madame. WESTERN.

Mr. WESTERN

VOus voilà ma fœur ? Eh bien , notre affaire eft arrangée,
tout eft fini , Alworthy m'a donné fa parole. Avez-vous
prévenu Sophie ?

Md WESTERN

Pas encore , je lui ai fait dire de fe rendre ici.

Mr. WESTERN

Tant mieux ; vous m'avez réfervé le plaifir de lui annoncer moi-même.

Md. WESTERN

Doucement. Sophie eft mon éleve ; jai pris foin d'entamer
cette affaire , il eft decent qu'elle ne fe faffe que par moi.

Mr. WESTERN

Ma fœur , je vous en prie

Md. WESTERN

De grace, mon frere , ne me refufez pas cette fatisfaction.

Mr. WESTERN

Il faut toujours vous céder. Je vais réjoindre Alworthy :
mais j'apperçois Sophie. [*Sophie entre*]Approche, approche,
fois contente , écoute ma fœur , elle a de bonnes nouvelles à
t'apprendre. [*Il la careffe.*] Sois bonne fille. [*D'un ton très
gai.*] Aime bien ton pere , & tout ira comme il faut. (*D'un
ton très froid.*) Adieu, ma fœur.   (*Il fort.*)

SCENE VIII.

Madame WESTERN, SOPHIE.

SOPHIE, *d'un air étonné.*

MOn pere nous quitte ! il paraît bien fatisfait.

Md. WESTERN

Il doit l'être ; & vous ne ferez pas fâchée , à votre tour ,
d'apprendre combien j'ai réuffi. Monfieur Alworthy confent
à tout ; votre pere en eft ravi , & dès ce foir , mes enfans ,
nous vous unirons enfemble.

SOPHIE

Ensemble !--- avec ?--

Md. WESTERN

Avec celui que vous aimez ; cela me paraît clair. Pourquoi donc cette inquétude ? nous vous jugeons tous deux très-dignes l'un de l'autre. Oh ! ne diffimulons plus, ou je me fâcherai.

SOPHIE

Je crains de me trop flatter-- Eh, bien, Madame, il eft vrai que mon cœur--

Md. WESTERN

Acheve.

SOPHIE

Je ne le puis.

ARIETTE.

Ah ! ma Tante, je vous prie ,
Couronnez tant de bienfaits :
En votre fein je confie ,
Et mon trouble & mes fecrets.
Raffurez votre Sophie ;
Et dans fon ame attendrie
Portez le calme & la paix.
Oui, j'aime, j'aime , il eft vrai : mais je tremble ?
Je crains d'écouter mes foupirs.
L'Amour peut-il unir enfemble
Tant de chagrins & de plaifirs

Ah ! ma Tante, &c.

Mr. WESTERN, *en l'embraffant.*

Tu me charmes, tu me rapelles des momens !-- Mais ce tems-là n'eft plus. Je te l'ai dejà dit , ma chere : ton choix eft fenfé ; ce jeune homme eft bien très-bien.

SOPHIE

Il faut convenir qu'il eft aimable.

Md. WESTERN.

Sage--pofé.

SOPHIE

Courageux, humain, poli.

Md. WESTERN

Difcret , fçavant.

SOPHIE

Plein d'efprit, de foins, de prévenances.

TOUTES DEUX

En un mot, fait pour plaîre.

SOPHIE

Oui, fans doute ; & tant de qualités réunies peuvent bien faire oublier le défaut que la naiffance--

Md. WESTERN.

Comment ! que dites-vous, où prenez-vous, s'il vous plaît de pareilles impertinences ?

SOPHIE

Puis-je ignorer un fait public & ne pas sçavoir combien
un malheur, dont il n'est pas coupable, fait souffrir l'infortuné Tom Jones ?

Md. WESTERN

Jones ! Qu'entends-je ! Juste ciel ! mais je n'en reviens pas.
C'est Jones que vous aimez ! c'est à moi que vous l'osez dire !
ce n'est pas de Blifil ?

SOPHIE

Blifil ! (A part.) Je suis perdue.

Md. WESTERN

Comment ! un homme sans état, sans parens.

SOPHIE

De grace--

Md. WESTERN.

Déshonorer votre nom, votre famille ! me faire passe:
pour une femme sans discernement !

SOPHIE

Ecoutez-moi.

Md. WESTERN

Voilà donc le fruit de l'éducation que je vous ai donnée !
vous aimez Jones ! je vais en avertir votre pere. Je veux qu'il
soit chassé du château, qu'il le soit de chez Monsieur Alworthy, de tout le Comté de Sommerset.

SOPHIE

Pourquoi le perdre

ARIETTE.

Md. WESTERN

Non, rien ne peut me retenir :
Rien ne peut calmer ma colere.

SOPHIE

Soyez sensible à ma priere ;
Ce n'est pas lui qu'il faut punir.

Md. WESTERN

Je veux qu'Alwotthy, que mon frere
M'aident tous deux à le punir.

SOPHIE

Ce n'est pas lui qu'il faut punir.
Pour appaiser votre colére,
Ordonnez-moi ; que faut-il faire !
Je suis prête à vous obéir.

Md. WESTERN

Fuir pour jamais ce téméraire,
Le méprifer le hair

SOPHIE

Eh bien ! hé bien ! j'y ferai mon possible.

Md. WESTERN

Recevoir
Blifil dès ce soir ;
Lui montrer une ame sensible.

SOPHIE

SOPHIE

Eh bien ! hé bien ! j'y ferai mon possible.

Md. WESTERN

Songez à remplir ce devoir ;
A ce prix seul je puis me taire.

SOPHIE   Md WESTERN

Je suis prête à vous satisfaire: Je veux bien calmer ma colére
Daignez calmer votre colere.
Allons cacher mon désespoir. Mais songez à votre devoir.

(*Elles sortent chacune d'un côté opposé.*)

Fin du premier Acte.

ACTE II.

*Le Théâtre change & représente un endroit agréable du Jardin
de M. Western; on découvre une allée très courte qui conduit
à son chateau que l'on voit dans le fond. Sur la gauche se trouve
un siége de gazon; dans le fond une ou deux allées d'arbres, &
çà & là sur la Scène quelques-uns de ces siéges peints en verd
qui font à Londres comme à Paris, la parure des Jardins.*

SCENE PREMIERE.

BLIFIL, DOWLING.

DOWLING

Blifil, Blifil, arrêtons ici un moment.

BLIFIL

Je le veux bien. Je veux même, avant d'aller trouver
mon oncle, te rappeller ta promesse.

DOWLING

Je m'en souviens. Je m'en repens. Ta conduite me déplaît.

BLIFIL

Tu vois qu'elle est nécessaire.

DOWLING

Nécessaire-- d'être faux !

BLIFIL

Mais ce n'est point fausseté. Je ne te demande que du silence;
enfin si ce secret, ignoré depuis tant d'années, se découvrait
un jour plutôt, un jour plus tard, quel avantage de plus
ferait-ce pour Tom Jones ?

DOWLING

Il jouirait à l'instant de son état.

BLIFIL

Attends que mon mariage soit conclu avec Miss Sophie.

DOWLING

Tu l'épouses !

C

BLIFIL

Je t'ai montré la lettre de mon oncle.

DOWLING

Ton aîné la mérite mieux que toi.

BLIFIL

Mais si elle m'aime ?

DOWLING

En ce cas, tu la mérite mieux que lui.

BLIFIL.

Ce mariage nous rend heureux l'un & l'autre : si j'écoutais tes désirs, si j'osais parler : je paraîtrais moins riche aux yeux de Western ; il voudrait rompre, & je perdrais ma fortune.

DOWLING

Il suffit, je t'entends ; ton cœur est faux. Je t'ai donné ma parole ; je m'en souviens. A ton tour, souviens-toi de ce que je te vais dire. J'étois porteur de lettres de feue ta mere. Je te les ai remises. Je vais à Londres où ton oncle Alworthy m'envoie, mais prends-y garde ; s'il faut qu'à mon retour la vérité ne soit pas sortie de ta bouche, si tu n'as pas déclaré que Jones est ton frere, ton aîné, je le ferai moi-même.

BLIFIL

Ecoute.

DOWLING

Point de réponse. Adieu.

SCENE II.

BLIFIL, *seul.*

Pars, je ne te crains pas. Ces lettres-- je les tiens. Je sçaurai t'arrêter à Londres plus long-tems que tu ne le penses-- Je puis d'un seul mot-- Non, je ne te crains pas ; & ton protégé, cet homme si parfait-- Ah ! le voici.

SCENE III.

TOM JONES, BLIFIL.

TOM JONES

Quoi ! vous êtes ici, Monsieur ?

BLIFIL.

Oui.

TOM JONES

Et votre voyage ?

BLIFIL

Bien.   (Il fort)

TOM JONES; *feul.*

Heureux mortel ! De la naiffance & de la fortune. Pour quelle raifon Sophie a-t-elle difparu avant le deffert ? Je ne fais ; mais tout m'inquiete. Jamais je n'eus l'ame fi trifte.

ARIETTE.

Amour, quelle eft donc ta puiffance !
Me dois-je aveugler fur mon fort ?
Aux doux attraits de l'efpérance
Mon cœur peut-il s'ouvrir encor ?
J'ofe aimer la belle Sophie,
Le plus rare bienfait des Cieux,
Et qu'ils femblent avoir choifie
Pour charmer le cœur & les yeux.

(*Il jette les yeux fur ce qui l'environne.*)

La jeune fleur
Eclofe à peine,
De fon teint n'a pas la fraîcheur :
Naiffante rofe, ton odeur
Eft moins douce que fon haleine,
Et le jour moins que fon cœur.
Amour quelle eft donc ta puiffance !
Me dois-je aveugler fur mon fort ?
Aux doux attraits de l'efpérance
Mon cœur peut-il s'ouvrir encor ?

SCENE IV.

JONES, HONORA.

HONORA

Voila notre homme livré à fes belles rêveries.

TOM JONES

Ah ! c'eft vous, Honora ?

HONORA

Oui, moi qui vous trouble peut-être : les amoureux aiment la folitude.

TOM JONES

Vous me connaiffez mal : me foupçonner d'être amoureux !

HONORA

Oh ! ce n'eft pas un foupçon ; il y a long-tems que j'en fuis certaine.

TOM JONES

Et de qui croyez-vous que j'ofe ici l'être ?

C 2

HONORA

Voyez qu'il eſt malin! Venez ici. Ah! vous êtes ſi honnête, qu'il n'y a pas du plaiſir à vous chagriner. Vous faites le diſcret, parce que vous tremblez que Sophie ne daigne pas vous payer du moindre retour : mais ſi vous ſçaviez, comme moi, ce qui en eſt, allez.

A R I E T T E.

La pauvre fillette à beau faire,
Le trait vainqueur
Eſt dans ſon cœur
Elle veut jouer la ſévere,
Se mettre en colere,
Montrer du mépris, de l'humeur.

TOM JONES

Du mépris !

HONORA

Ne craignez rien, vous dis-je.
La pauvre fillette a beau faire,
Le trait vainqueur
Eſt dans ſon cœur.
Nul plaiſir ne la peut diſtraire ;
Rien ne peut guerir ſa langueur.
Le trait vainqueur, &c.

TOM JONES

Que me dis-tu ? ſi j'oſais t'en croire-- quoi le cœur de Sophie ?
La pauvre fillette a beau faire,
Le trait vainqueur
Eſt dans ſon cœur.

HONORA

Doucement. Je ne vous dis point que ma Maîtreſſe ait de l'amour. J'ai trop de reſpect pour elle-- Mais c'eſt bien l'amitié la plus vive-- la plus franche, la plus--

TOM JONES, *toujours vivement & gaiement.*

Et c'en eſt aſſez, ma chere Honora ; quel excès de joie ! que je t'aime ! que je t'embraſſe.

HONORA

Finiſſez.　　　　　　　　　　　　　(*Il l'embraſſe.*)

S C E N E　V.

JONES, M. WESTERN *en deshabillé à l'Angloiſe,* HONORA.

Mr. WESTERN, *les ſurprenant.*

AH ! je vous y prends Courage, l'ami Jones ; à elle ; en bon chaſſeur.

HONORA

Monſieur !

Mr. WESTERN

Eh non, ne vous gênez pas ; je suis de vos amis.

HONORA

C'est malgré moi.

Mr. WESTERN

Oui-dà ! quelque sot qui te croiroit !

TOM JONES

Je vous promets--

Mr. WESTERN

Taisez-vous, fripons. Allons ; ma sœur te demande : va
vîte, que je n'entende pas quereller. Ah ! ah ! notre ami, ce
n'est pas donc à tort que l'on te donne la reputation d'un
égrillard ?

TOM JONES

Je vous prie de croire--

Mr. WESTERN

Tu fais l'innocent, tu cherches à t'excuser, parbleu, à
ton âge, il faut bien s'amuser à quelque chose ; & tel que tu
me vois, mon cher Tom--

ARILTTE.

Plus d'une fois, tandis qu'à la maison
Chacun me croit endormi sous l'ombrage,
Dans un bosquet près d'un jeune tendron,
   En tapinois je prends courage ;
Je le cajole, & les jeux du bel âge
Peuvent encore amuser le barbon.
   Oui, le barbon,
   Près d'un jeune tendron.
   Sçait encor du bel âge,
   Peut encor donner la leçon.

   Quel plaisir d'être sous la treille :
D'y reposer pendant l'éclat du jour !
   Mais sur le soir on se reveille
Entre l'Amour & la bouteille,
   Entre la bouteille & l'amour.
Plus d'une fois, &c.

TOM JONES

Je le crois ; il faut convenir que vous menez ici la vie la
plus agréable.

Mr. WESTERN

Mais, oui dà : tout s'y passe assez à ma fantaisie ; &, comme tu dis, je serois peut-être le Gentilhomme le plus heureux de nos trois Royaumes, sans l'éternelle compagnie
de ma sœur. Ah ! ça, de bonne foi, je t'en fais juge, se plaît-
elle du matin au soir à autre chose qu'à me contrarier, à me
faire enrager avec sa politique, sa Gazette ? c'est bien le plus
fatiguant personnage, la plus franche-- Mais ma fille est son
héritiere ; il faut avoir un peu de patience.

TOM JONES

Et cette fille charmante ne vous confole-t-elle pas bien de ces petites contradictions paffageres ? Vous la voyez fans ceffe vous en êtes tendremement chéri.

Mr. WESTERN

Oui , ma Sophie, c'eft bien le meilleur caractere , la plus aimable enfant ! Il eft vrai que cela contraint un peu ; & fur la fin d'un repas , s'il paffe par la tête quelque petite gaillardife , on n'ofe la dire ; tout cela tue la gaieté.

T O M   J O N E S

Quelquefois la délicateffe y gagne.

Mr. WESTERN

Laiffe faire , laiffe faire ; nous allons être bien plus libres, Je vais la marier.

T O M   J O N E S

Que me dites vous ?

Mr. WESTERN

Tu ne fçais donc pas ?---

T O M   J O N E S

Non , je vous jure.

Mr. WESTERN

Touche-là , mon ami ; fais moi ton compliment, demain je marie Sophie.

T O M   J O N E S

Demain , Monfieur ? cela eft décidé ?---

Mr. WESTERN

Oui ; le voifin Alworthy s'eft enfin déterminé.

T O M   J O N E S

Alworthy ?

Mr. WESTERN

C'eft Blifil.

T O M   J O N E S

Blifil !

Mr. WESTERN

Oui ; Blifil arrive dès ce foir pour conclure ce mariage.

TOM JONES, *à part.*

Voilà donc le motif de fon retour ?

Mr. WESTERN

Ma fille a de l'inclination pour lui : c'eft ma fœur qui s'eft mêlée de tout ceci ; & c'eft, je crois , la premiere fois de fa vie qu'elle a fait quelque chofe de raifonnable.

T O M   J O N E S, *pénétré.*

Je n'aurais pas crû que Blifil ait fçu lui plaire.

Mr. WESTERN

Ma foi, ni moi non plus : je ne fçais pas trop comment cela s'eft fait ; mais j'en fuis charmé. Je ne pouvois gueres trouver mieux, c'eft une excellente , très-excellente affaire. Qu'en penfes-tu ?

TOM. JONES

Affurément-- Monfieur--- Je fuis de votre avis.

Mr WESTERN

Ah! juſtement, voici ma fille ; je veux que tu ſois le premier à l'en féliciter.

SCENE VI.

JONES, Mr. WESTERN, SOPHIE, HONORA.

Mr. WESTERN

Pproche ici, mon enfant ; comment! on dirait que tu crains de lever les yeux. Ah ! la pauvre petite! mais le cœur, au fond, n'en eſt pas moins ſatisfait. Voilà notre ami Jones à qui je faiſais part de ton mariage ; il en eſt enchanté Demande-lui plutôt.

(Sophie embarraſſée n'oſe lever les yeux ſur Tom Jones, qui de ſon côté la fixe d'un air attendri.

TOM JONES, *troublé.*

Je me flatte que Miſſ. Weſtern n'ignore pas à quel point ſon bonheur m'intéreſſe.

SOPHIE

Je ſçais, Monſieur-- ce que vous penſez-- Mais vous, mon pere, ſi vous m'aimez--

Mr. WESTERN

Si je t'aime? Eſt-ce à toi d'en douter? Tu ne ſoupçonnes pas ; non, tu ne conçois pas combien tu m'es chere. Que veux-tu? Des bijoux, des parures, des diamans, la moitié, les deux tiers de mon bien? Parle.

SOPHIE

Je vous ſupplie de m'écouter.

TOM JONES, *à part.*

Que dira-t-elle ?

SCENE VII.

JONES, Mr. WESTERN, SOPHIE, HONORA.

HONORA

Onſieur Blifil demande s'il peut vous ſaluer.

Mr. WESTERN

Eh! mais, ſans doute: qu'il vienne ; pourquoi tant de cérémonies ?

TOM JONES, *à part.*

Blifil ! Blifil !--- Sortons, je craindrais qu'à ſa vue-- le déſeſpoir-- (*Haut.*) Vous ſçavez, Monſieur qu'il me reſte encore quelques ordres à donner pour la chaſſe de la maiſon.

Mr. WESTERN

Si je le sçais? Parbleu, je t'y suis. Mais crois-tu bonnement
que je vais m'ennuyer ici à écouter les soupirs de ces deux
tourtereaux ? Ma foi, tu ne me connais guerres. (*à Sophie*) Ah!
ça ma fille, je n'ai pas trop besoin de te dire comment tu
dois le recevoir : en pareil cas , on prend plutôt conseil de
son cœur, que de son pere. (*A Honora.*) Ne va pas les gê-
ner toi, ces chers enfants : moi je suis enchanté, cela me ra-
jeunit ; allons , mon ami Jones. (*A sa fille.*) je reviens vous
rejoindre. Sans adieu , Sophie.

TOM JONES

Vous serez heureuse. Adieu. (*Il sort avec Jones.*)

SCENE VIII.

HONORA, SOPHIE, ensuite BLIFIL.

SOPHIE, *à Honora*

QUe me dit-il, heureuse ? Ah ! qu'il est injuste !

HONORA

J'apperçois Blifil. Contraignez-vous.

SOPHIE

Quelle entrevue !-- Rentrons sous ces allées , pour y ras-
surer un moment mes esprits.

(*Elles entrent dans une allée ; Blifil , qui entre du côté droit s'avance
sur la Scène.*)

BLIFIL

Que le sexe est dissimulé ! je n'aurai jamais soupçonné
qu'elle eût pour moi quelque tendresse. Saisissons cette cir-
constance , pressons ce mariage avant que-- Mais elle s'ap-
proche-- s'approche bien lentement.

HONORA , *à Sophie.*

Courage, il faut prendre sur vous.

(*Blifil & Sophie se saluant.*)

BLIFIL

Quelles graces , belle Sophie , n'ai-je point à vous rendre ?
& lorsque je crois n'obéir qu'aux ordres de mon oncle--

SOPHIE

Je sçais , Monsieur , les intentions de mon pere.

BLIFIL

C'est à leur mutuel aveu que je dois l'avantage dont je
jouis , & le bonheur qui m'attend.

HONORA

Oh ! ce n'est pas encore chose faite.

BLIFIL

Mais vous baissez les yeux, vous rêvez ! l'âge, la nais-
sance, la fortune tout se réunit en notre faveur, & s'accor-
de entre nous.

SOPHIE

SOPHIE

Je le fçais auffi n'eft ce d'aucun de ces côtés qu'il se pourrait trouver des obftacles ?

BLIFIL

Il faut que l'on n'en ait pas prévu , puifque Mr. votre pere lui-même paraît autant que moi, preffé de conclure.

SOPHIE

J'efpere , Mr., que vous ferez de mon fentiment ; qu'un délai de quelques jours--

BLIFIL

Mon unique defir eft de vous plaire , mais je n'oferai jamais demander cette grace à mon oncle.

SOPHIE

Eh bien , Monfieur , je l'obtiendrai de mon pere.

BLIFIL

Je doute qu'il y confente : je ne puis moi-même , fans chagrin , voir différer le moment de mon bonheur ; mais vous changerez d'idée , fans doute , quand vous fentirez tout l'avantage qui réfulte pour vous de l'union de nos fort..nes.

ARIETTE.

De l'opulence,
De l'abondance
Notre maifon deviendra le féjour ;
Tendreffes,
Richeffes,
Careffes,
Tout vous prouvera mon amour ;
Jamais je n'aurai d'autre envie
Que de veiller fur la belle Sophie ;
Trop heureux d'en être cheri.
Ainfi
De l'opulence , &c.

SCENE IX.

HONORA , SOPHIE , M. WESTERN , *habillé comme au premier acte* , BLIFIL.

Mr. WESTERN , *dans la couliffe.*

OUi , oui , que tout cela foit arrangé. Eh bien ! vous avez eu , je crois , tout le tems de caufer enfemble : pour vous, Monfieur mon gendre , il paraît que , fi l'on veut vous voir, il faut venir vous chercher.

BLIFIL

Pardon, Monfieur.

Mr. WESTERN

Il me femble que le préfent que je vous fais en vous don-

D

nant ma fille , vaut bien la peine qu'on m'en remercie.

BLIFIL

Croyez que ma reconnoissance.--

Mr. WESTERN

Oh ! point de grands mots : sois mon ami, rends ma fille heureuse ; c'est tout ce que je te demande. Va trouver ton oncle , il t'attend. Vois avec lui si les ordres que j'ai donnés pour ton mariage te conviennent ; je n'aime point les disputes. Je veux bien ne rien épargner , mais je n'entends pas qu'on diffère. (*Blifil lui fait des révérences; M. Western le pousse.*) Eh ! va donc vite. (*Blifil sort.*) (*A Sophie.*) Tu vois, mon enfant ; je préviens tes plus secrets desirs ; j'oublie tout pour ne m'occuper que de toi.

SOPHIE , *à Honora.* [*Honora sort.*]

Le tems est cher, Laisse-nous, je vais tout risquer. Mon pere , si j'osais m'expliquer devant vous--

Mr. WESTERN

Eh ! bien, qu'est-ce? Rien ne doit t'empêcher de m'ouvrir ton cœur. Ne sais-tu pas que tu dois tout espérer de ton pere , que je n'ai dans la vie d'autre plaisir , d'autre joie que de te voir , de t'entendre , de t'aimer ?

SOPHIE

Votre bonté m'encourage.

M. WESTERN

Acheve.

SOPHIE

ARIETTE.

C'est à vous que je dois la vie,
Vos bontés me la font chérir ;
A la voix de votre Sophie ,
Que votre ame daigne s'ouvrir.
Ecoutez son cœur qui vous crie :
C'est à vous que je dois la vie ;
Me voulez-vous contraindre d'en gémir ?

Apprenez que ce mariage ,
Qui vous paraît l'objet de tous mes vœux,
N'est à mes yeux
Qu'un esclavage ;
C'est le lien le plus affreux.
C'est à vous que je dois la vie , &c.

Mr. WESTERN

Ah ! voilà donc ce grand secret; c'est-à-dire, que tu n'aimes pas Blifil, que tu ne veux pas l'épouser ?

SOPHIE

Mon pere !

Mr. WESTERN

J'en suis bien fâché , Mademoiselle, très fâché : mais il n'est plus tems, il fallait plutôt me prévenir, Voyez un peu l'impertinence ! m'engager à des démarches , me laisser donner tous les ordres , & puis se vouloir dédire ! non , non , c'est inutile ; c'est pour ton bien , pour ton avantage , que j'ai conclu cette affaire : Blifil est jeune , riche , il est neveu de mon ami , il t'aime , il te convient , & tu l'épouseras.

SOPHIE

J'aimerais mieux la mort que d'y consentir.

Mr. WESTERN

Comment ! tu me résistes ! tu me tiens tête ! Oh , voici du nouveau pour moi.

DUO.

A ton pere
Tu ne crains donc pas de déplaire ?
Tu ne crains donc pas, ma colere ?

SOPHIE
Mon pere

Mr. WESTERN
Vous & ma sœur vous me trompiez !

SOPHIE
Hélas si vous m'écoutiez.

Mr. WESTERN
Non , non ; il faut me satisfaire ,
Non , je veux que vous l'épousiez.
A mon ami j'ai donné ma parole ,
Ma promesse n'est point frivole ;
Je prétends que vous me cédiez

SOPHIE	Mr. WESTERN
Mon pere ;	Non , non , il faut me satisfaire,
Je me jette à vos pieds.	Je prétends que vous me cé-
Mon pere ,	diez ,
Hélas ! si vous m'écoutiez...	Je prétends que vous l'épou-
Je me jette à vos pieds.	siez.

<hr>

SCENE X.

SOPHIE, *à genoux.* JONES, *accourant.* Mr. WESTERN.

JONES

J'Accours à vos cris--- Que vois-je ?-- Sophie !
[*Il lui donne la main ; elle se releve.*]

Mr. WESTERN
Une fille qui ne se plaît qu'à chag iner son pere.

JONES
Modérez-vous.

Mr. WESTERN
Refuser Blifil !

JONES, *avec joie.*
Elle le refuse ! Oh Ciel !

Mr. WESTERN

Eh bien , n'en es-tu pas étonné toi-même ?-- Le plus riche héritier de la Province. Je m'en rapporte à toi , mon ami Tom. Mais ne te chagrine pas , elle l'époufera. Tu fçais ce qu'eft Blifil ; fais lui entendre raifon, je t'en prie. Je m'en fie à toi. Je fuis trop en colere ; fi je reftais ici , je craindrais...
[*A Sophie.*] Ecoute bien ce que te dira Tom ; fais ma vo-lonté , c'eft ton meilleur parti ; fais ma volonté---

(Jones regarde , fans lui rien dire , Sophie qui baiffe les yeux.)

JONES , *en foupirant.*

Quoi vous refufez Blifil ? On difoit que vous l'aimiez.

SOPHIE

Puiffé-je n'entendre jamais prononcer fon nom.

JONES

Ah ! fi jofais vous peindre qu'elle indignation il porte dans mon cœur ; c'eft pour vous perfécuter qu'il vous aime ; & je ferai témoin de fon bonheur, tandis que , dans le filence, dévoré du plus violent amour---

SOPHIE

N'achevez pas.

JONES

Puniffez moi : mais je vais vous perdre , je vais vous per-dre , Sophie , dois-je mourir avec mon fecret ?

SOPHIE

Eh! croyez-vous que je l'ignore ? Ah ! Jones, féparons-nous , oubliez-moi ; je le veux , je vous en prie.

JONES

A R I E T T E.

Vous voulez que je vous oublie !
Non , rien ne vaincra mon ardeur.
C'eft mon deftin d'adorer ma Sophie.
Ce fentiment nâquit avec mon cœur.
Vous voulez que je vous oublie !
Non , rien ne vaincra mon ardeur.
Je fens que ce cœur vous offenfe ,
Que mon devoir eft de vous fuir ;
Mais loin de vous dans le filence ,
Quand je ferai prêt à mourir ,
On entendra ma bouche encore
Prononcer le nom que j'adore ;
Ce fera mon dernier foupir.

Vous voulez que je vous oublie ! &c.

[*Il fe met à genoux.*]

SCENE XI.

HONORA , SOPHIE , JONES , Mr. WESTERN,
ALWORTHY , Madame WESTERN , BLIFIL.

Mr. WESTERN , *furieux , s'élance & fépare Jones de Sophie.*

AUx genoux de ma fille ! Ah ! je fçais tout ; ma fœur avoit
bien raifon. Allons vite--- Hors de ma maifon.

JONES

Daignez m'écouter.

Mr. WESTERN

Non , plus je t'aimais , plus ta lâcheté m'outrage. Point
de difcours , hors de mon château , te dis-je ; & tout à l'heure.

SOPHIE , *s'appuye fur Honora.*

Honora !---

Mr. WESTERN *à Alworthy.*

Vous m'avez promis , voifin , de le chaffer de chez vous--
Tenez-moi parole , je l'exige.

ALWORTHY

Voilà donc le prix de mes bontés !

Md. WESTERN

Eccouter un homme fans état !

Mr. WESTERN

Refufer pour lui de m'obéir ! allons , que l'on me fuive.
Oh ! je t'en réponds , de force ou de gré tu l'épouferas

(*Il prend Sophie par la main.*)

SOPHIE

Sage Alworthy---

Mr. WESTERN

Je ne veux pas qu'on t'écoute.

JONES , *à Alworthy très tendrement.*

Vous m'avez permis de vous nommer mon pere.

ALWORTHY , *très froidement.*

J'ai promis de ne vous plus revoir.

SEPTUOR.

HONORA, *à Sophie.*	JONES, *à Alworthy.*	SOPHIE *à Mr. Western.*
	Vous comblez ma misere.	Rien ne touche mon pere !
	Je me livre à mon désespoir.	
Ménagez leur colere.	N'êtes - vous plus pere ?	
Quel embarras !	*(à Sophie.)* C'est pour jamais que je vous quitte.	*(à Jones.)* C'est moi qui fais votre malheur.
	(à M. Western.) De votre colere C'est moi qu'il faut accabler ; sophie est innocente Punissez-moi.	*à Mr. Western.* Non , je préfére le trépas. Pardonnez-lui.
'*(à Sophie)* Oui , ma Maîtresse, Oui, oui, sans cesse.	*(à Md. Western.)* Vous êtes sa tante Rien à présent ne m'épouvante.	[*à Alworthy.*] Soyez son appui: *(à Md. Western.)* Votre ame se contente :
Je ferai pour vous mon devoir.	Je me livre à mon désespoir.	Je n'en crois que mon désespoir,

SEPTUOR.

Mr. WESTERN *à Jones.*	*Madame* WESTERN	ALWORTY *à Jones.*	BLIFIL
Oh! je t'appren-drai ton devoir. Je ne t'en tiens pas quitte.		Je ne dois plus vous voir.	Trahir ainsi mon espoir ?
Allons, point de raison. Sortez de ma mai-son.	Cette condui-te. Si fort m'irri-te.		
à Sophie. J'ai fait avertir le Notaire, Et dès ce soir tu signeras.	(*à Sophie.*)	Je hais la tra-hison.	[*à Alworthy, en montrant Jones.*]
Il ose encor par-ler! Tout ceci m'im-patiente. Point tant de rai-son ; Hors de ma mai-son.	vous tenez tê-te à votre repere? Vous ne mé-ritez pas. De nous cau-ser cet em-barras, Ce tracas - là me tourmen-te.	Je hais la tra-hison. Ce tracas - là me tourmen-te.	Il n'entend point raison. Ce tracas-là me tourmen-te.
Tout ceci m'im-patiente. Je t'apprendrai mieux ton devoir	Vous saurez mieux votre devoir.	J'ai promis de ne plus vous voir.	Falloit-il tra-hir mon espoir ?

(Mr. *Western* emmene Sophie ; Madame *Western* & Honora les sui-vent. Jones désespéré donne encore un regard à Sophie qui le lui rend ; prend la main d'*Alworthy*, la serre ; la baise comme s'il lui disait : ah! Monsieur : lance ensuite un regard décidé, en enfonçant son chapaeu, sur Blifil qui s'approche d'*Alworthy*, & sort avec lui sur la droite ; Jones se retire sur la gauche.)

Fin du second Acte.

ACTE III.

Le Théâtre repréfente une Salle par bas de l'Hôtellerie d'Upton. on voit fur la gauche un efcalier qui conduit à différens corridors , dans le fond fur la droite , une petite porte, fur le devant, une table à l'Anglaife , un banc, quelques chaifes de paille ; au fond du Théâtre , une autre table autour de laquelle font plufieurs Valets qui chantent en buvant du Punch. La Symphonie de l'entre-acte peint une nuit.

SCENE PREMIERE.

Les Valets , enfuite DOWLING *, enfuite la Fille de l'Hôtellerie.*

CHŒUR DE BUVEURS.

CHantons , buvons , trinquons fans ceffe ;
Laiffons le Bourgogne aux Français.
Le punch anime l'allegreffe ,
Le punch éveille la tendreffe ?
Vive le punch & les Anglais.

DOWLING *, fort de la petite porte dans une efpéce de deshabillé.*
La maudite Auberge ! le fot voyage ! Oh ! avec ces gens-là, je ne fermerai pas l'œil de la nuit. Holà ! Hé ! Quelqu'un !--- Parbleu , mes amis , à l'heure qu'il eft , vous devriez bien-- (*Les Buveurs font du bruit.*) Bon ! les prier paroles perdue-- Ils font yvres. Venez donc quelqu'un , l'Hôte , la Maîtreffe !

LA FILLE , *tenant une lumiere & une bouteille.*
On y va. Comment ! vous n'êtes pas fervi ?

DOWLING
Et ce n'eft que du repos que je demande. Vois donc , mon enfant , à faire ceffer ce tapage : quels gens as-tu mis-là.

LA FILLE
Dame ! il faut bien que chacun s'arrange. Ce font les guides & les valets des voyageurs que nous logeons.

DOWLING
Mais tâche au moins qu'ils s'éloignent, ou qu'ils fe taifent Il eft l'heure d'être en paix.

LA FILLE
Parlez donc vous autres ; vous réveillez tout le monde avec vos chanfons. Si vous voulez continuer jufqu'au jour , mettez-vous là-bas à cette table , dans ce paffage, vous y pourrez crier tout à votre aife.

PREMIER BUVEUR
Oh ! qu'à ça ne tienne. La paix, la paix, ma poule ; mais tu nous bailleras bouteille.

(*Les Buveurs fe levent , & vont fe placer derriere le Théâtre , Ils emportent leurs verres , & la fille rentre par où elle eft fortie*]

SCENE.

SCENE II.

TOM JONES, DOWLING.

TOM JONES, *descend l'escalier.*

Quel bacchanal! on ne peut résister au désordre; partons:
que vois-je! C'est Dowling! O mon unique ami! Toi,
à Upton?

DOWLING

Je vais à Londres par ordre d'Alworthy; & toi-même,
qui t'amene ici?

TOM JONES

Je suis au désespoir! Western a résolu ma perte Alworthy m'a chassé de sa maison.

DOWLING

Chassé! que me dis-tu!-- Quoi!-- cet homme--

TOM JONES

Arrête: il a tout fait pour moi; il peut être injuste; mais
je ne veux pas être ingrat.

DOWLING

Et qui l'a pu porter à cet excès contre toi, mon cher
Jones?

TOM JONES

Un malheureux amour. Miss. Sophie-- Ah! ma Sophie!

DOWLING

Et Blifil était-il temoin de ta disgrace?

TOM JONES

Il paraissait en jouir. Peut-être en est-il l'auteur; il est
mon rival--

DOWLING

Le perfide!

TOM JONES
A R I E T T E.

Ami, qu'en mes bras je presse,
De mon sort vois la rigueur;
   Permet que ma tristesse
Un moment s'épanche en ton cœur
   J'atteste ici l'honneur;
Jamais ma foible jeunesse
N'a mérité son malheur.
Alworthy me chasse, m'oublie!
C'est mon pere, mon bienfaiteur.
Je ne verrai plus ma Sophie!
Ah! j'ai tout perdu dans la vie,
Le repos, l'espoir & l'honneur!
Ami, &c.

DOWLING

Tu me détermines. Je ne vais plus à Londres, je retourne
au Château; Alworthy va me voir & m'entendre. Remonte
à ta chambre, sois tranquille, si tu peux l'être. Je vais payer

ma depenfe en attendant le jour. Ton fort changera, je te le promets ; je t'en donne ma parole, & je n'y manquerai jamais.

TOM JONES

Que ne puis-je te croire ?

DOWLING

Crois-moi. (*Jones remonte à fa chambre.*) Infortuné jeune homme, fi je gardais plus long-tems le filence, je deviendrois complice de tes perfécuteurs. J'entends quelqu'un. Ah ! ce font des femmes ; rentrons.

SCENE III.

SOHIE, HONORA, LA FILLE.

LA FILLE, *qui les conduit.*

OUi, mes belles Dames, vous pouvez très-bien vous répofer dans cette Salle ; nous allons attendre vos ordres.

HONORA

Vraiment, vraiment, nos ordres ! c'eft que l'on nous prépare bien vîte des chevaux ; nous devrions déjà être à Londres.

SOPHIE

Je devrais bien plutôt retourner chez mon pere.

HONORA

Oui, voilà une belle idée.

SOPHIE

Quel confeil m'as-tu donné ? que fera devenu l'infortuné Jones ? (*On entend le bruit que font les Buveurs.*) Qu'entends-je ? des cris, des éclats !

HONORA

Ce font apparemment des valets qui s'amufent à boire.

SOPHIE

Deux femmes feules pendant la nuit ! en quel lieu !

HONORA

Que peut-il vous y arriver

SOPHIE

Qu'ai-je fait ?

HONORA

Et quel parti vous reftait-il à prendre ! votre pere n'écoutait rien : votre contrat était tout prêt dès le point du jour ; il eût fallu figner, on aurait fçu vous y contraindre ; eft-ce Blifil que vous regrettez ?

SOPHIE

Ah Ciel !

HONORA

Du moins, gagnerons-nous du tems ; & les parens auprès de qui vous vous retirez à Londres, pourront-ils, à la fin, ramener votre pere à la raifon.

SOPHIE

Je ne fuis que trop difpofée à te croire ; mais tu veux en vain me raffurer ; on ne revient point. Va toi-même donner tes ordres ; partons.

HONORA

Je cours vous obéir. Allons, ma chere maîtresse, ne craignez rien, cette maison est sûre ; je reviens tout à l'heure.

*(Honora en sortant, emporte une lumiere. Il n'en reste plus qu'une sur la
table.)*

SCENE IV.

SOPHIE, *seule.*

RECITATIF.

ME voilà sans témoins, soulage-toi, mon cœur.
Où suis-je? qu'ai-je fait ?-- quelle nuit !-- quelle horreur!
   Mon pere !-- quelle est ta tristesse--
Je n'entends plus de cris-- on se taît-- le bruit cesse.
Mais ce profond silence augmente encor ma peur--
    Tout ce que je vois m'épouvante.
   Cette lueur pâle & tremblante
   Dans mon sein porte la frayeur ;
   Et cependant, j'éprouve une douceur ;
   Le sentiment qui m'anime & m'enchante,
   Malgré moi charme ma douleur.
     ARIETTE.
   O toi qui ne peux m'entendre ,
   Qui ne peux recueillir mes pleurs ;
   Toi dont j'ai causé les malheurs ,
   Et dont le crime est d'être tendre ;
   Viens , accours, parais à mes yeux ;
   Je veux te voir : non. Je m'égare.
   Non, non, fuis-moi, tout nous sépare.
   Fuis-moi, tu le dois, je le veux.
   Pardonne, cher amant, pardonne :
   L'Amour te venge , & me punit.
   A ton nom seul, ô mon cher Jones ,
   Je sens mon cœur qui m'abandonne ;
   Sur tes pas , il vole & te suit.

SCENE V.

HONORA, SOPHIE.
Deux Buveurs qui suivent Honora.

HONORA

LAissez-moi, ne me suivez pas.

SOPHIE

C'est la voix d'Honora.

PREMIER BUVEUR

Eh! non, ma belle, il ne s'agit que d'une parole.

DEUXIEME BUVEUR, *tenant une bouteille.*
Oh ! le punch est bon ; tenez, goûtez.
HONORA, *se défendant.*
Laissez moi-- si vous ne finissez-- prenez garde, Madame.
PREMIER BUVEUR
Tiens, ma foi, en voilà une qui est encore bien plus jolie.
SOPHIE
Ne m'approchez pas. Au secours.
HONORA, *courant à Sophie.*
Au secours !

SCENE VI.

TOM JONES, *paraissant au haut de l'escalier ; les Précédents.*
Qu'ai-je entendu quels cris ! comment malheureux, vous osez insulter des femmes !
PREMIER BUVEUR
Qu'est-ce qu'il dit donc celui-là ? Je voudrais bien sçavoir si ça te regarde.
DEUXIEME BUVEUR
Qu'est ce que ça te fait ? Est-ce ta parente ? ta Maîtresse ?
(Jones s'élance de l'escalier, saisit une chaise, s'en arme & tombe sur les Buveurs qu'il poursuit.)
Attendez-moi, coquins.
SOPHIE
Où sommes-nous ?
PREMIER BUVEUR, *en fuyant.*
Tout doux, ceci passe le jeu.
HONORA
Prenons courage.
TOM JONES, *révient.*
Je vous apprendrai. Rassurez-vous, Madame ; ils ont pris la fuite & je suis trop heureux--- Que vois-je ? Sophie !
SOPHIE
Ah ! Ciel !
HONORA
Jones !

DUO.

TOM JONES
Je vous retrouve, ma Sophie !
Je n'ose en croire mon bonheur.
SOPHIE
Mon devoir veut que je vous fuie ;
Je vois l'excès de mon malheur.
TOM JONES
Que je vous abandonne !
SOPHIE
La raison nous l'ordonne.
TOM JONES
Non, non ; ce serait vous trahir.

SOPHIE

Non, non; vous devez m'obéir.

TOM JONES

Que je vous abandonne,
Quand l'amour veut nous réunir !

SOPHIE

L'amour égare trop mon ame.

TOM JONES

Il m'a fait un cœur tout de flâme :
Laissez-moi vous voir, & mourir.

SOPHIE

Je voudrais, & ne puis vous fuir.
Que l'Amour maîtrise mon ame !

TOM JONES

Livrons nous à sa douce flâme.

TOUS DEUX

Le Ciel, pour nous aimer,
Se plut a nous former
Pour nous aimer.

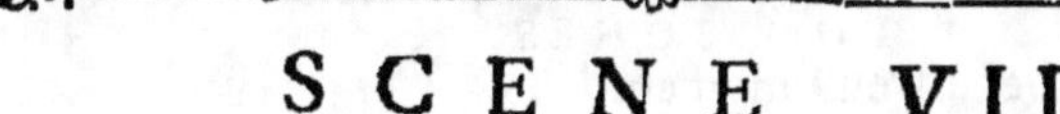

SCENE VII.

DOWLING, TOM JONES, SOPHIE, HONORA.

DOWLING

MEs yeux me trompent-ils ; c'est Sophie Western.

HONORA

C'est Dowling.

TOM. JONES

Oui, mon ami, c'est elle ; le ciel nous réunit.

SOPHIE

Ah ! Dowling ! vous retournerez au Château ? vous reverrez mon pere.

DOWLING

Il arrive.

JONES & SOPHIE

Il arrive ?

HONORA

Ah ! juste Ciel.

TOM JONES

D'où le sçais-tu ?

DOWLING

Alworthy, Blifil, sa Tante même.

SOPHIE

Ma Tante ?

DOWLING

Oui, tous vos parens le suivent. Le Postillon qui les précede est déjà dans les cours de l'Hôtellerie.

TOM JONES

Ah ! mon cher Dowling, Ah ! Sophie, je vous revois pour la derniere fois.

TRIO.

JONES	SOPHIE	HONORA
Protege son inno- cence	Protégez son inno- cence ;	Vous voyez mon innocence ;
Sauve-la de leur fu- reur ;	Sauvez-le de leur fureur ;	Sauvez-moi de leur fureur ;
Cher ami, prends sa défense :	Dowling, prenez sa défense ;	Prenez aussi ma dé- fense.
Je ne crains que son malheur.	Je ne crains que son malheur.	O ciel ! quel est mon malheur !

SOPHIE	JONES	
Mes plus cruelles allarmes	Pour vous épargner des larmes,	Dans ces cruelles allarmes,
Seront de vous voir souffrir.	S'il ne falloit que mourir.	Qui viendra nous secourir ?

DOWLING

Soyez tranquilles l'un & l'autre ; vous serez heureux & vengés. Honora, conduis ta maîtresse dans cette chambre. Toi Jones, remonte à la tienne. Je vais les attendre.

TOM JONES

Ah ! Sophie ! quel affreux moment !

SOPHIE

Jones, sans vous je n'aurais jamais fui mon pere.

(*Sophie & Honora se retirent.*)

HONORA

J'entends du bruit ; allons, allons, le tems presse.

TOM JONES

Eh bien ! mes malheurs sont-ils au comble ?

DOWLING

Tant mieux ; ils touchent à leur terme. Fais ce que je t'ai dit. (*Jones se retire.*) Tu m'as trompé, Blifil ; mais le ciel m'a réservé les moyens de te convaincre.

SCENE VIII.

Mr. WESTERN, ALWORTY, DOWLING.

Mr. WESTERN

Laissez-moi, ne me retenez pas: malheur à qui je rencontre. Ma fille est ici, je le sçais ; j'en suis sûr ; je veux la trouver, je veux la voir.

ALWORTHY

Je n'aurais jamais soupçonné Jones de tant d'audace. Ah! te voilà, Dowling ?

Mr. WESTERN

Tant mieux, nouveau renfort. Où sont-ils ? qu'est devenu Blifil ?

ALWORTHY

Blifil contre mon avis, est allé chez le Juge de Paix.

DOWLING

Le scélérat ! nous n'en aurons pas besoin. Demeure, Alworthy ; & toi Westerne, écoute.

Mr. WESTERN

Est-tu du complot aussi, toi ?

DOWLING

Ta fille est ici : elle ne peut ni ne veut t'échapper.

Mr. WESTERN

Parbleu, je le crois bien. Allons.

DOWLING

Où vas-tu ? Dèshonnorer ta fille & toi par un éclat inutile.

ALWORTHY

Il a raison : c'est sur-tout ici qu'il faut de la prudence.

Mr. WESTERN

Tout cela m'est égal, je n'écoute rien : je veux la voir.

DOWLING

Eh bien, je t'y vais conduire ; mais promets-moi de lui parler en pere. Reste, Alworthy, je vais te réjoindre. Suis moi, Western.

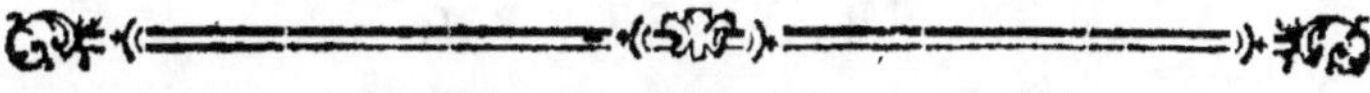

SCENE IX.

ALWORTY, BLIFIL.

ALWORTHY

INgrat jeune homme ! ne t'ai-je recueilli dans ma maison que pour faire le dèshonneur d'une famille honnête ? Ah ! Jones, que tu es coupable ! Et bien, Blifil ?

BLIFIL

Le Juge de paix me suit ; j'ai fait investir la maison.

ALWORTHY

J'aurois désiré qu'on eût épargné cet éclat. Il ne sert qu'à rédoubler mes chagrins.

BLIFIL

Croyez que je les partage. Vous l'avez élevé ; & moi qui me faisais un plaisir de chérir en lui le compagnon de ma jeunesse ; quelle témérité ! quels excès !

ALWORTHY

Il en sera puni.

BLIFIL

Que ne puis-je, mon cher oncle, vous fléchir en sa faveur ; je connois l'énormité de son crime : mais il peut être encore utile à l'Etat : faites le promptement partir pour nos colonies.

SCENE X.

Les Précédent DOWLING, *ensuite* Mr. WESTERN, SOPHIE, HONORA.

DOWLING

POur les colonies ! Qui Jones ? Ton frere ?

A L W O R T H Y

Son frere ?

B L I F I L

Ciel ! Dowling ;

D O W L I N G

Oui, oui ; son propre frere.

Mr. W E S T E R N

Venez, venez, Mademoiselle ; ce sera moi déformais qui veillerai sur votre conduite.

B L I F I L

Dowling, je te supplie--

D O W L I N G

Je ne t'écoute plus ; il est tems de te confondre.

Mr. W E S T E R N

Comment ! qu'y a-t'il ici de nouveau ?

D O W L I N G

Que Sophie rassure son cœur. Alworthy, connais ton in-justice. Tu me crois sincere, Western.

A L W O R T H Y

Tu m'inquiétes.

Mr. W E S T E R N

Acheve.

D O W L I N G

Ce Jones que tu persécutes & qui te chérit ; ce vertueux jeune homme que j'ai choisi pour mon ami, c'est ton neveu, c'est son frere, c'est l'aîné de Blifil.

Mr. W E S T E R N

Jones serait ton neveu ?

S O P H I E

Quel nouveau jour frappe mon cœur !

H O N O R A

Eh bien, Madame !

A L W O R T H Y

Que me dis-tu !

D O W L I N G

La vérité. Rapelle-toi cet honnête Summers. Deux ans desuite il logea dans ton château ; en secret il épousa ta sœur ; cinq mois après il mourut. Jones est le fruit de ce mariage que l'on te cachoit alors, de peur qu'il ne devint un obstacle ausecond que tu voulois conclure.

A L W O R T H Y

Quelle preuve.

D O W L I N G

Blifil, remets les papiers dont tu t'es chargé.

B L I F I L, *d'un ton douteux.*

Des papiers !

D O W L I N G

La lettre de ta mere. Voici le double de ce qu'elle t'écri-vait alors ; regarde, Alworthy c'est l'écriture de ta sœur. Lis.

A L W O R T H Y

Ciel ! malheureux !

B L I F I L

Mon cher oncle !　　　　　　　　　　　　Mr. W E S T E R N

Md. WESTERN

Comment! ferais tu un méchant homme, toi.

BLIFIL

Si, par un aveu fincere de mes fautes, j'en pouvais efpé-
rer le pardon---

ALVORTHY

Le pardon! Sors de ma préfence.   (*Blifil fort.*)

Mr. WESTERN

Oui, laiffe-nous, méchant. Ah! morbleu! fi j'étais ton oncle...

ALWORTHY

Combien j'étais trompé: mais j'attefte le Ciel--

DOWLING

Point de ferments. Répare ta conduite.

Mr. WESTERN

Oui, tu le dois, c'eft mon avis. Mon cher Jones!

SOPHIE

Ah! mon pere!

Mr. WESTERN

Oh! je me connais en gens. Quand je vous ai dit, mon
vieil ami, que vous n'en auriez jamais que de la fatisfaction.

ALWORTHY

Fais-moi promptement venir Jones.

DOWLING

Je vous l'amene.   (*Il fort.*)

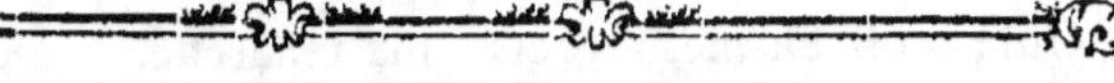

SCENE XI.

ALWORTHY, Mr. WESTERN, SOPHIE, HONORA.

ALWORTHY

J'Ai peine à revenir du faififfement.

Mr. WESTERN

Pourquoi te contraindre? cacher fa joie, c'eft fe trahir foi-
même.

SOPHIE

Quel changement heureux!--

ALWORTHY

Aurais-je dû penfer que Blifil---

Mr. WESTERN

Allons, qu'il n'en foit plus parlé; c'eft un mauvais fujet!
ça ne fe connaît ni en en chiens ni en chevaux; vive mon ami
Jones; comme nous allons chaffer! c'eft comme celui-là
qu'il me fallait un gendre! car rien n'eft dérangé: & puif-
qu'il eft ton neveu---

ALWORTHY

Et mon feul héritier.

Mr. WESTERN

C'eft comme je l'entends.

F

SCENE XII.

DOWLING, JONES, *Les Précédens.*

DOWLING

ALworthy, voici Jones.

Mr. WESTERN

Approche, approche; à nous, à nous.

TOM JONES

Doucement, Monsieur, point de violence, respectez mon malheur.

Mr. WESTERN

Eh ! non, tu ne sçais pas ; embrasse-moi, mon camarade.

ALWORTHY

Mon cher neveu !

TOM JONES,

Que me dites-vous ?

DOWLING

Voici l'instant que je t'avais promis.

TOM JONES

Moi ! votre neveu.

ALWORTHY

Oui ; crois en mes regrets, ma tendresse.

Mr. WESTERN

Et pour garant, prend la main de ma fille.

TOM JONES

Sophie !-- est-ce un songe, une illusion ? Dowling ! (*à Mr. Western.*) Monsieur, quoi ? (*à Alworthy*) Je vous appellerai mon oncle.

SCENE DERNIERE.

Madame WESTERN, *Les Précédents*

Mr. WESTERN

BOn ; voici ma sœur : arrivez, arrivez.

Md. WESTERN

Eh bien mon frere, quel plan comptez-vous suivre dans cette affaire ? il faut considérer d'abord que les personnes d'un certain état---

Mr. WESTERN

Oh ! vraiment, vraiment, il y a bien d'autres nouvelles, que toute votre belle politique n'a pas sçu prévoir. Commencez par embrasser Jones.

Md. WESTERN.

Moi, Monsieur.

Mr. WESTERN

Eh ! oui ; c'eft mon ami ; c eft mon gendre : je lui donne ma fille : c'eft un Summers ; fa fœur, fon pere-- c'eft lui-- c'eft que je fuis enchanté.

Md. WESTERN

En vérité depuis quinze jours, je ne conçois plus rien aux évenemens.

Mr. WESTERN

Embraffez toujours.

DOWLING

On développera ces miftères.

ALWORTHY

Ne perdons point de tems ; retournons au château : que nos enfans foient unis dès ce jour.

Mr. WESTERN

C'eft bien dit : retournons : il eft de bonne heure ; mes chevaux font frais. Parbleu ! nous aurons le tems de chaffer en route ; je parie que tu en meurs d'envie.

ALWORTHY

Toi, Dowling, à qui je dois ma joie, fois certain.

DOWLING

Arrête, point de bienfaits ; j'ai fait ce que j'ai dû : ma récompenfe eft dans mon cœur.

Fin de la Pièce.

VAUDEVILLE.

DE

TOM JONES

JE vous obtiens, vous qui m'êtes fi chere.
Du néant je paffe au bonheur :
Dans mon ami j'embraffe un fecond pere,
Un oncle dans mon bienfaiteur.
Quel doux moment !
Ah ! ma chere Sophie,
Chériffons à jamais ce jour.
C'eft le plus beau de notre vie,
Refrain.
C'eft le triomphe de l'Amour.

SOPHIE

Un nouveau jour vient éclairer mon ame ;
Je puis te fixer fans rougir.
Le meilleur pere approuve notre flâme,
Cher amant, on va nous unir ;
En reprenant fa premiere innocence,
Mon cœur, qui deviendra ton bien,
Jouit auffi de fa conftance ;

VAUDEVILLE.

Et ton triomphe fait le mien.

ALWORTHY

Dès ton berceau je t'aimai comme un pere ;
   On m'a contraint à te punir :
J'en ai gémi ; mon cœur n'est point févere,
   C'est un tourment que de haïr,
Mais rendre heureux tous les objets qu'on aime,
   En plaisirs changer leurs douleurs,
   Oui , c'est là le bonheur suprême ;
   C'est le triomphe des bons cœurs.

Md. WESTERN

De chaque Cour démêler les intrigues ;
   Bien combiner leurs intérêts,
Quand il le faut tramer de sourdes brigues,
   Dans son cœur voiler ses secrets :
   D'après ce plan , heureux qui négocie ;
   C'est un politique excellent ,
   Ses efforts font ceux du génie,
   C'est le triomphe du talent.

HONORA

Loin des garçons fuyez , jeune fillette ,
   C'est ce que prône une maman :
De votre cœur suivez la voix secrette ,
   C'est ce que des yeux dit l'Amant.
Qui croira-t-on ? celle qui nous obséde ?
Nenni : le cœur s'ouvre au desir ,
   L'amant paraît , la raison céde ,
   C'est le triomphe du plaisir.

Mr. WESTERN

Dès le matin ma vive impatience
   Guide ma meutte au sein des bois :
Le tems est frais , l'animal que je lance
   Sort de l'eau se rend aux abois
Tous mes amis partagent ma victoire ,
   Elle en est plus chere à mon cœur :
   J'entends le cor sonner ma gloire ;
   C'est le triomphe du Chasseur.

SOPHIE, au *Public*.

* Jones aux malheurs fut livré dès l'enfance ,
   Mais enfin il touche au bonheur ;
Doit-il , Messieurs , dans le sein de la France ,
   Craindre toujours votre rigueur ?
Que vos bontés soient enfin son partage :
   Et s'il répond à vos desirs ,
   Assurez par votre suffrage ,
   Et son triomphe est vos plaisirs.

FIN.

* Ce Couplet fait allusion au peu de succès qu'eut cette Piéce à la premiere Représentation.